coll

PARADOXE

SUR

LES FEMMES,

OÙ L'ON TÂCHE DE PROUVER

QU'ELLES NE SONT PAS

DE L'ESPÉCE HUMAINE.

> Dans les Femmes, dis-tu,
> Enfin vous n'approuvez ni vice, ni vertu;
> Voilà le ſexe peint d'une noble manière !
>
> *Deſpréaux.*

A CRACOVIE.

M. DCC. LXVI.

ÉTRENNES
POUR
LES FEMMES.

NOUS adresser des injures, voilà, direz-vous, mes Dames, des plaisantes Etrennes. Soutenir que nous ne sommes pas de l'espèce humaine, voilà le comble du délire de la malice des hommes. Il est vrai que tout ce qui ne vous flatte point a lieu de vous surprendre. Accoutumées aux louanges, vous l'êtes peu aux paradoxes des Théologiens & des Philosophes : cependant un sentiment adopté par une grande partie des habitans de la terre, ne devrait pas vous paraître si absurde. Personne n'ignore de quelle façon Mahomet vous traite dans son Alcoran. Les femmes qu'il admet dans son Paradis, pour le plaiſir des élus, ſont des Ouris, filles éternellement pucelles, & d'une autre eſpèce que celles qu'on voit mourir tous les jours à Conſtantinople.

Le paradoxe qu'on vous préſente ici eſt ſuranné : on ne fait que rajeunir une vieille décrépite, & peu s'en eſt fallu qu'il n'ait paſſé comme un article de foi dans le Concile de Mâcon. Les Peres de ce Concile y agiterent gravement la queſtion, ſi les femmes étaient des créatures humaines, & on ne décida l'affirmative qu'après un long examen (*a*).

Si les anciens Philoſophes ont eu le même doute, conſolez-vous aimables Françaiſes, les Philoſophes de votre ſiécle ne penſent pas ſi ridiculement ; ils n'attaquent que vos graces & que vos talens. Lorſque dans vos chants les plus

(*a*) Dans le Concile de Mâcon un Evêque ayant ſoutenu qu'on ne pouvait ni qu'on ne devait qualifier les femmes de créatures humaines, la queſtion fut agitée pendant pluſieurs ſéances ; on diſputa vivement : les avis ſemblaient partagés ; mais enfin les partiſans du beau ſexe l'emporterent, & l'on prononça ſolemnellement qu'il faiſait partie du genre humain. *Gregoire de Tours, L. 8, Poligam, triumphan.* pag. 123.

doux, vos voix mélodieuſes raviſſent tous ceux qui vous écoutent, un Philoſophe du ſiécle s'écrie : vous ne ſavez pas chanter, vous n'avez pas de muſique, & tant pis pour vous ſi vous en avez (*b*). Un autre ſoutient que vous ne ſavez pas danſer, lorſque dans vos danſes la légéreté & les graces accompagnent vos pas (*c*) ; ces yeux ſi brillans, cette bouche vermeille, ce coloris, cette beauté enfin qui vous captivent. Tous les cœurs ne vous appartiennent point, dit un autre Philoſophe moderne ; ce ne ſont que des modifications de l'ame (*d*). Continuez de charmer toujours, & moquez-vous de tous ces rêves philoſophiques. Devenez Philoſophes à votre tour, car nous ſommes au tems où les femmes peuvent l'être hardiment. Prédiſez l'année merveilleuſe où les hommes deviendront femmes, à ces hommes méchans qui voudraient nier que vous fuſſiez de leur eſpèce : prouvez-leur que

(*b*) Rouſſeau.
(*c*) Cahuſac.
(*d*) Malebranche.

s'il y a des exemples des femmes métamorphosées en hommes ; il n'est pas impossible qu'un jour les hommes deviennent femmes (e).

Pour vous, femmes pusillanimes, qui seriez allarmées sur le doute qu'on répand sur votre salut, rassurez-vous ; vous serez sauvées : le Révérend Pere Postel promet la victoire à toutes les femmes. Si vous n'êtes pas rachetées par le sang de Jesus-Christ, vous le serez certainement, dit ce bon Pere, par une certaine Religieuse, appellée la Mere Jeanne, que j'ai connu à Venise. Pourriez-vous ne pas ajouter foi à un soi-disant de la Compagnie de Jesus (f) ?

(e) Plutarque rapporte que de son tems une femme nommée Cœneus fut transformée en homme. Le Journal de Verdun fait mention de plusieurs filles & femmes devenues hommes ; il est question entre autres d'une fille de 17 ans, métamorphosée en garçon dans un village des environs de Charleroi. On a vu dans un autre Journal qu'un jeune homme accoucha d'une fille.

(f) Guillaume Postel a été Jésuite ; c'était un homme extraordinaire : les uns l'ont regardé comme un prodige de savoir, & les autres comme un insensé. On se déciderait volontiers pour ce dernier sentiment. Il a fait un Livre qui est très-rare & très-recherché, dont le titre est : *La victoire des Femmes.*

AVANT-

AVANT-PROPOS.

C'EST ici la traduction d'un petit Livre singulier qui parut en 1595, ayant pour titre : *Disputatio perjucunda qua anonymus probare nititur mulieres homines non esse.* On a ajouté quelques notes, & on a retranché quelques traits qui ne portaient que sur les erreurs des Sociniens ou des Anabaptistes. L'Auteur de ce petit Ouvrage prétend prouver par des passages de l'Ecriture, que les Femmes ne sont pas de l'espèce humaine. Un Ministre de Brandebourg, nommé Gedicus, le refuta fort sérieusement, n'ayant pas pris garde au but de l'Auteur, qui était de faire une satyre violente contre les Sociniens ; car que peut-on imaginer de plus propre à les tourner en ridicules, ou de plus mortifiant, que de leur montrer que les

gloses avec lesquelles ils combattent la consubstantialité du Fils de Dieu, sont capables d'empêcher qu'on ne prouve par l'Ecriture que les Femmes sont des créatures humaines. Ainsi on aurait tort de soupçonner du sérieux dans ce petit Ouvrage. On le répéte, ce n'est proprement qu'une satyre contre l'abus des interprétations des Hérétiques sur l'Ecriture-Sainte. On sait, en effet, que toutes les hérésies ne sont que des fausses interprétations de l'Ecriture. Il n'y a pas jusqu'à l'opinion bizarre des Préadamistes de M. Lapeirere, qui ne soit fondée, si on l'en croit, sur le témoignage des Livres saints. Luther avait bien raison d'appeller l'Ecriture-Sainte le Livre des Hérétiques. " L'E-
„ criture, dit le célébre Montesquieu,
„ est un païs, où les Chrétiens de tou-
„ tes les sectes font des descentes, &
„ vont comme au pillage : c'est un
„ champ de bataille, où les nations en-

„ nemies qui ſe rencontrent, livrent „ bien des combats ; où l'on s'attaque, „ où l'on s'eſcarmouche de bien des „ manières. La plûpart des Interprétes „ n'ont point cherché dans l'Ecriture „ ce qu'il falloit croire, mais ce qu'ils „ croyaient eux-mêmes : ils ne l'ont „ point regardé comme un Livre où „ étaient contenus les dogmes qu'ils „ devaient recevoir, mais comme un „ ouvrage qui pourrait donner de l'autorité à leurs propres idées : c'eſt „ pour cela qu'ils en ont corrompu „ tous les ſens, & qu'ils ont donné la „ torture à tous les paſſages.

Que le beau ſexe ne montre point de ſévérité contre ce badinage théologique. Si on a traduit une thèſe trop dure pour lui, il n'eſt pas moins la portion du genre humain la plus chérie, on n'eſt pas moins perſuadé des avantages réels qu'il a ſur les hommes ; car on ne ſaurait diſconvenir qu'outre la beauté & les graces du corps, il possede une certaine finesse d'esprit, & une certaine délicatesse à laquelle les hommes n'atteindront pas par eux-mêmes. L'homme même qui a le plus d'esprit n'est qu'un diamant brut, s'il n'a été façonné par le beau sexe.

PARADOXE

PARADOXE
SUR
LES FEMMES,

Où l'on tâche de prouver qu'elles ne sont pas de l'espèce humaine.

PUISQU'IL est permis dans la Sarmatie (1) de croire & d'enseigner que Jesus-Christ & le Saint-Esprit ne sont pas Dieu, nous pensons qu'il doit y être permis de croire & d'enseigner que les Femmes ne sont pas de l'espèce humaine ; & conséquemment que Jesus-Christ n'ayant

(1) La Sarmatie a été regardée de tout tems comme un pais de barbares. Les Grecs & les Romains avaient leurs Sarmates ; nous avons aussi les nôtres. Cette thèse, l'Auteur & le Traducteur sont Sarmates, & par conséquent barbares. Après cet aveu, qu'on ne soit pas surpris de trouver ici de la barbarie.

pas souffert pour elles dans ce monde, il n'y a point de salut pour elles dans l'autre. Si dans un tel païs de licence on tolere, & on récompense même quelquefois ceux qui blasphêment de la sorte contre le Créateur, devons-nous craindre quelque punition lorsque nous n'attaquons que les créatures ?

Les Lecteurs vont nous condamner sans doute sur le titre du Livre ; mais qu'ils distinguent en Philosophes la vérité de l'opinion, & ils ne nous condamneront pas.

Nous soutenons qu'on ne doit rien croire que ce qui est expressement dans l'Ecriture-Sainte (2). Nous ne devons pas croire que les Femmes soient de l'espèce humaine, puisque nous ne voyons rien dans le vieux ni dans le nouveau Testament qui nous le prouve. Nous voyons au contraire malédiction

(2) Ne rien croire que ce qui est contenu dans l'Ecriture, & rejetter la tradition, est une proposition hérétique, qui fera douter à quelques Femmes que notre Sarmate pourrait bien n'être pas une créature de l'espece des élus.

à quiconque ajoute à la parole de Dieu. On doit donc regarder comme des gens maudits ceux qui, par une mauvaise interprétation de quelques passages, voudraient faire acroire que les Femmes sont des créatures humaines, faisant dire au Saint-Esprit ce qu'il n'a pas dit.

Les Hérétiques qui ont nié la divinité de Jesus-Christ, quoique bien prouvée dans l'Ecriture, auraient été mieux fondés de nier que les Femmes fussent des créatures humaines, puisque l'Ecriture leur aurait été plus favorable à cet égard. Si on soutient que si elles n'y sont pas comprises expressement sous le nom d'*Homme*, elles y sont du moins comprises implicitement sous ce nom, que peut-on conclure de-là ? pourroit-on les appeller des êtres semblables aux hommes ? Non certes ; car les Prophétes, Jesus-Christ & les Apôtres ne les ont pas appellées expressement des créatures humaines, quoiqu'ils n'ignorassent pas qu'on pouvait les prendre pour telles d'une manière implicite.

Examinons cependant quelques passages de l'Ecriture qu'on pourrait tourner en faveur des Femmes. On cite d'abord cet endroit de la Genese où Dieu dit : Faisons-lui (à Adam) un aide qui lui soit semblable. Il est clair, dit-on, par ce passage, que la première Femme a été créée semblable au premier Homme. Cet argument spécieux est évidemment faux ; car Dieu n'a pas dit, faisons-lui un homme ou une créature humaine qui lui soit semblable, pour pouvoir conclure qu'Eve a été faite semblable à Adam. Dieu a dit seulement faisons-lui un aide : il n'a pas dit qui lui soit semblable, *simile illi* ; mais, *simile sibi*, convenable pour soi (3).

Insistons sur ce passage afin de le faire mieux comprendre. Lorsque Dieu dit : il n'est pas bon que l'homme soit seul, faisons-lui un aide qui lui soit sembla-

(3) Ceux qui entendent le latin comprendront facilement la différence qu'il y a entre le pronom *sibi* & *illi*. On ne peut pas la faire sentir si bien dans le français.

ble, on ne voit rien dans ces paroles, ſinon qu'il n'eſt pas bon qu'il n'y ait qu'un ſeul homme ſur la terre, qu'il convient qu'il ait un aide, c'eſt-à-dire, un moyen par lequel il puiſſe engendrer des autres hommes. Or cet aide n'ayant été donné à Adam que pour engendrer des autres hommes, afin qu'il ne ſoit pas ſeul, il s'enſuit évidemment qu'Eve ne doit pas être compriſe dans l'eſpèce humaine, parce qu'elle n'a pas été faite afin qu'Adam ne fût pas ſeul, mais afin que par ſon aſſiſtance & ſon moyen, il pût perpétuer le genre humain qui devait lui fournir des compagnons de ſon eſpèce, pour le tirer de ſa ſolitude. Cette mere des vivans l'avoue elle-même; car dès qu'elle eut mis au monde ſon fils Caïn, elle s'écria: j'ai fait un homme ſelon la volonté de Dieu (4). Le deſſein de Dieu ſur elle ne conſiſtait que dans la propagation

(4) Il y a dans la Verſion latine : *Poſſedi hominem per Deum*, j'ai poſſedé un homme par la grace de Dieu; mais les Septante ont rendu le mot hébreu *kanath* par engendrer.

des hommes ; c'eſt auſſi la raiſon pourquoi, ſelon quelques Docteurs, elle accoucha la première fois de deux jumeaux Caïn & Abel.

Voici quelque choſe de plus clair. Il eſt certain que tous les Philoſophes admettent dans tout ce qui ſe fait dans la nature deux cauſes, l'une efficiente, & l'autre inſtrumentale. Le Fourbiſſeur, par exemple, ne pourrait faire une épée ſans ſes inſtrumens, un Ecrivain a beſoin de la plume pour écrire, & un Tailleur ne pourrait coudre ſans l'éguille ; l'homme auſſi ne pourrait engendrer ſans le ſecours de la femme (5). Or comme la plume, l'éguille ne ſont pas des ouvriers, mais des inſtrumens purement paſſifs pour les ouvriers qui s'en ſervent ; de même la Femme n'eſt pas un animal de l'eſpèce humaine, mais ſeulement un autre animal qui ſert d'inſtrument à l'homme dans l'acte de la gé-

(5) Je conſidére les femmes, dit un Philoſophe moderne, comme créées uniquement pour ſatisfaire un beſoin honteux ; je crois devoir les fuir auſſi-tôt après le moment phyſique.

nération. Quand on jettera un coup d'œil ſur les parties des femmes qui les diſtinguent, pourra-t on admettre une autre cauſe inſtrumentale pour la propagation du genre humain? L'inſtrument eſt toujours un être diſtinct & ſéparé de l'ouvrier qui le fait agir. La Femme eſt donc auſſi un être diſtinct & ſéparé de l'homme, comme le marteau eſt un objet ſéparé de la main de l'ouvrier qui s'en ſert.

Si les Apologiſtes des Femmes inſiſtent ſur cette objection : Dieu lui fit un aide qui lui fut ſemblable, nous répondrons que le mot *ſimile*, ſemblable, eſt ſynonime dans l'hébreu & dans le latin, avec ſe mot *conveniens*, conforme ; car tout ce qui eſt ſemblable à une choſe lui eſt conforme. Le Tailleur, par exemple, ne met pas en uſage une hâche pour coudre un habit, mais un moyen plus conforme à l'action de coudre, comme l'éguille. C'eſt pourquoi, pour faciliter la génération des hommes, Dieu n'a pas voulu donner à Adam des moyens difficiles : il ne lui a pas donné un animal quadrupede, mais un animal plus convenable, & qui lui ressemble dans sa structure, tel en un mot que la Femme. Voilà la raison pourquoi l'Apôtre dit expressement, que l'homme n'a pas été créé pour la femme, mais la femme pour l'homme. Le sens que nous donnons ici à ce passage est celui des Rabbins les plus fameux, & des doctes Hébraïsans; car ils rapportent ce mot, qui lui soit semblable, non pas à l'égalité de la personne d'Adam, mais à la convenance qu'il doit trouver pour engendrer. Ceux qui ne seront pas satisfaits de cette interprétation, peuvent se donner la peine de lire les écrits des fameux Théologiens de notre siécle (6), & ils verront qu'ils enseignent tous unanimement qu'on a mal rendu de l'hébreu le mot *simile sibi*, qui lui soit semblable,

(6) Il faut prendre garde qu'on cite ici le témoignage des Théologiens du seizième siécle; car il ne serait pas surprenant que les illustres Docteurs de Salamanque, de ce siécle, ne fussent pas du même sentiment.

blable ; que ce n'est pas le véritable sens du Texte hébreu ; qu'il faut traduire, un aide ou une assistance (*adjutorium*) qui lui soit commode, convenable. C'est ainsi que Luther l'a expliqué. Castalion, fameux Hébraïsan, n'a pas aussi manqué de traduire ce passage de la sorte : faisons-lui une bête qui lui convienne (7).

Ce que nous allons dire aura peut-être plus de poids. Dieu par sa prescience savait qu'il créérait Adam & Eve. S'il eût voulu créer Eve de l'espèce humaine, il n'aurait pas dit au singulier : faisons une créature humaine, mais faisons des

(7) La Version arabe est conforme à ce sentiment, de même qu'Onkelos & Jonatham, qui traduisent : *Secundum anterius ipsius, seu quæ sit incumbens anterioris ipsius.* Louis de Dieu appuye ces Versions ; il l'entend du concours de la femme à la génération ; ce qui revient assez à la pensée de S. Augustin liv. 9. de la Genese. S. Chrisostome semble aussi pencher vers ce sentiment. Il a peine à croire que la femme soit donnée à l'homme pour le secourir. Il ne la croit bonne que pour la propagation du genre humain ; car la femme, dit-il, qui en devrait être l'aide & le secours, n'est que sa perte par les embuches qu'elle lui tend ; & à bien entendre le mot hébreu, qui est *Kenedoc*, ce ne fut pas pour aider l'homme que la femme fut faite, mais pour lui être toujours opposée. *S. Chrisost. in Gen.* Cajetan pense aussi comme S. Chrisostome. *Cajetan in Genesim.*

créatures humaines. Puiſque Dieu a donc parlé de la ſorte au ſingulier, on peut conclure de ſa parole, qu'il n'a pas prétendu que la Femme fût une créature humaine ; & qu'il n'a fait au commencement du monde qu'une ſeule créature de l'eſpèce humaine, dans la perſonne d'Adam. Quoi ! dira-t-on, la créature qui eſt faite à l'image de Dieu, n'eſt-elle pas de l'eſpèce humaine ? Oui ſans doute ; mais aurait-on l'impudence de tirer de-là la conſéquence que la Femme eſt une créature humaine, tandis qu'elle n'a pas été faite à l'image de Dieu ? L'Apôtre S. Paul dit poſitivement : *L'homme eſt l'image & la gloire de Dieu* (8) *; mais la femme eſt la gloire de l'homme.* On voit par ce paſſage que

(8) Les Rabbins ne croient pas que la femme fût créée à l'image de Dieu ; ils aſſurent qu'elle eſt moins parfaite que l'homme, parce que Dieu ne l'a formée que pour lui être un aide. Un Théologien Chrétien (Lambert Danœus) a enſeigné que l'image de Dieu était beaucoup plus vive dans l'homme que dans la femme. L'éclat, la reſſemblance de la femme à celle de l'homme, dit Théodoret, ne brillent ſur ſon viſage, que par une eſpèce de rejailliſſement de celui de l'homme, puiſqu'elle eſt formée de ſa ſubſtance. L'Auteur du Commentaire ſur

S. Paul refusant aux Femmes l'honneur d'être l'image de Dieu, il est évident qu'elles ne sont pas de la même espèce de l'homme. Il faut donc prendre garde de soutenir qu'elles soient des créatures humaines, pour ne pas blasphêmer contre Dieu, qui n'a pas voulu leur accorder la faveur de les faire à son image. Tous les Auteurs Papistes sont d'accord là-dessus, & n'ont garde de contredire ce passage de S. Paul.

Quand on accorderait que la Femme a été créée semblable à l'homme, & qu'elle a été faite à son image (9),

les Epîtres de S. Paul, attribué à S. Ambroise, dit nettement sur le chapitre II. de la première aux Corinthiens, que les femmes ne sont pas faites à l'image & ressemblance de Dieu.

(9) Cette figure humaine des femmes embarrasse un peu dans notre systême; mais doit-on se fier aux apparences. Newton a découvert que l'écarlate n'était pas rouge; Malebranche & Barclay, que nous vivons dans un monde d'illusions, où il n'y a point de corps; & sans sortir de notre sujet, peut-on dire que les femmes marines qui ressemblent si parfaitement à nos femmes, selon M. Maillet, saient des créatures humaines? Dirait-on que ces hommes sauvages de l'isle de Borneo qui avoient la figure humaine, étaient des vrais hommes? Voyez les Pongos & les Mandrilles, nos voyageurs ne veulent pas convenir que ce saient des hommes; cependant ils ont la figure humaine.

pourrait-on de-là conclure qu'elle est de l'eſpèce humaine ? Quoique l'homme ait été créé à l'image de Dieu, peut-on conclure qu'il eſt de la race de Dieu ? L'homme ne reſſemble à Dieu que par ſon ame raiſonnable, qui eſt l'image de Dieu, parce qu'elle eſt un eſprit comme lui, capable comme lui de connaître & de vouloir, & capable de connaître Dieu même & de l'aimer.

Si Eve eût été créée de la même eſpèce qu'Adam, il s'enſuivrait que deux perſonnes auraient commis le péché de déſobéiſſance dans le Paradis terreſtre, puiſqu'il eſt certain qu'Eve eſt auſſi coupable qu'Adam ; cependant l'Apôtre dit expreſſement, qu'il n'y a qu'une perſonne qui ait commis ce péché, que le péché eſt entré dans le monde *par un ſeul homme*, & non par deux perſonnes : il eſt donc clair que la ſeule perſonne d'Adam eſt déſignée par ce ſeul homme, & que le péché ne regarde point du tout la première femme, qui n'eſt point de l'eſpèce humaine.

On

On répondra peut-être que l'Apôtre veut désigner Eve, qui fut la première à pécher : mais le passage est si formel, que ce serait faire mentir l'Apôtre, si on lui attribuait un autre sens contraire à son expression. Quelques-uns diront que S. Paul a fait l'honneur à Adam de le désigner plutôt qu'Eve, parce qu'il a plus de dignité dans sa personne. S'il a plus de dignité, voilà l'inégalité établie : Eve lui serait inférieure, & lui serait soumise comme les bêtes, sur lesquelles il a une supériorité & une domination que son Créateur lui a donné. Si la femme est soumise à l'homme comme une bête, quelle conséquence favorable peut-on tirer pour elle (1) ?

(1) L'infériorité & la soumission de la femme à l'homme est bien prouvée dans l'Ecriture. On a fait même plusieurs Traités pour exalter l'excellence des hommes. Milton fait dire à Adam en parlant d'Eve : je conçois, il est vrai, que suivant le but de la nature, elle m'est inférieure quand à l'esprit & aux facultés internes qui sont les plus excellentes ; elle ressemble moins aussi à l'extérieur à l'image de celui qui nous a fait tous deux, & elle exprime moins ce caractère d'empire qui nous a été donné sur les autres créatures.

Il nous faut expliquer ici deux passages qu'on pourrait tourner contre nous. Il est dit dans la Genese : *Dieu les créa mâles & femelles.* Il est dit dans un autre endroit de l'Ecriture : *Ils seront deux personnes dans une seule chair.* par le premier passage il est clair que Dieu les créa mâle & femelle, mais il ne s'ensuit pas de-là que Dieu les créa tous les deux de l'espèce humaine. Le second passage prouve pour nous. Ils seront deux, est-il dit, *une seule chair;* c'est-à-dire le mâle & la femelle ne feront qu'un seul homme, ou une seule personne de l'espèce humaine. On ne doit pas avoir de la peine à croire que dans le mariage, deux personnes ne fassent qu'un seul homme, puisqu'on est obligé de croire que trois personnes en Dieu ne font qu'un seul Dieu.

Nous pourrions nous servir d'une raison de Grammaire pour appuyer notre thèse ; car cet être raisonnable qui constitue l'homme, est certainement du genre masculin : il n'y a donc que les mâles qui descendent d'Adam qu'on puisse regarder comme des êtres raisonnables. On pourrait peut-être citer quelques Grammairiens qui ont fait *l'homme* masculin & feminin ; mais ces Grammairiens se sont trompés lourdement, puisqu'ils n'ont trouvé aucun Ecrivain qui ait jamais dit : cette homme, *hæc homo*. Qu'ils n'alleguent point ce passage de Ciceron, où il dit : ma fille Tullie étoit née un homme, parce qu'il est évident que le mot née, *nata*, ne se rapporte point au mot homme, mais à Tullie. Si nous disions, Tullie étoit née un animal, s'ensuivrait-il de-là qu'animal fut du genre feminin ? Ciceron voulait dire que sa fille Tullie était née mortelle.

Pour prouver que le mot *homo*, homme, n'est pas aussi pris pour la femme, on pourrait se servir de l'étymologie du nom. Le mot *homo*, homme, dérive du mot latin *humo*, poussière, dont le premier homme a été créé. On ne peut pas dire la même chose de la femme ; il eſt donc clair qu'elle ne peut pas être compriſe dans la ſignification du mot *homo*. Mais laiſſons ces frivolités, & revenons au témoignage de l'Ecriture-Sainte, pour ne pas nous écarter de notre ſujet.

La femme Cananéene s'approchant de Jeſus, le pria de chaſſer le démon du corps de ſa fille ; mais Jeſus ne lui répondit pas un ſeul mot : pourquoi cela ? Serait-ce par orgueil ? on ne ſaurait le penſer ; au contraire il eſt humble & doux, il invite tous ceux qui ont quelque peine & quelque affliction de s'approcher de lui, & il promet de les ſoulager. Son ſilence donc ne ſignifie autre choſe, ſinon qu'il n'a rien à faire avec les femmes, & que les femmes n'ont rien à faire avec lui. On le prouve. Il répondit à ſes Diſciples qui intercédaient pour la Cananéene : je ne ſuis pas envoyé pour elle, mais pour les brebis perdues de la maiſon d'Iſraël. O femmes ! entendez-vous cette réponſe ? Jeſus-Chriſt n'a pas été envoyé pour vous. Et vous maris, comprenez-vous par cette réponſe que vos femmes n'ont aucune part au Royaume des Cieux? On dira peut-être que le Sauveur n'a parlé à cette femme en des termes ſi durs, que parce qu'elle étoit de la race des Gentils. Cette obſervation eſt aſſûrement ridicule. Dieu n'a-t-il pas aimé toutes les nations? n'a-t-il pas envoyé ſon Fils auſſi-bien pour les Gentils que pour le Peuple d'Iſraël? On devrait rougir d'une pareille objection. Qu'on donne la raiſon pourquoi le Sauveur n'a jamais traité ainſi un Gentil, comme il a fait cette femme. Pluſieurs Gentils ſont cependant *venus à lui*, lui ont demandé des graces, les a-t-il mal reçus? les a-t-il rebutés? Non, au contraire, il les a accueillis avec une bonté ſans égale.

Voici de quoi ſurprendre dans le même paſſage. Les Diſciples du Sauveur lui ayant dit de renvoyer cette femme, parce qu'elle criait après eux, il leur répondit : *Il n'eſt pas juſte de prendre le pain des enfans pour le jetter aux chiens.* Admirez la ſagacité & tout le ſens de cette réponſe. Et vous femmes, remarquez-vous comme le Sauveur du monde vous appelle ? Il ne vous regarde point comme iſſues de l'eſpèce humaine ; il vous appelle des *chienes*, comme étant de la race des bêtes. Avez-vous compris comme il dit clairement, qu'il ne convient pas d'enlever le pain deſtiné pour les enfans, c'eſt-à-dire, qu'il ne convient pas de vous communiquer ſa propre chair, qui eſt le pain céleſte deſcendu du ciel, parce que vous êtes comme des bêtes, (2) indignes de recevoir ce pain ? C'eſt donc en vain que vous travaillez tant pour votre ſalut : pourquoi prétendez-vous agir contre la volonté du Seigneur ? Reſtez donc dans l'état où il vous a fait naître, ſi vous voulez l'avoir propice dans ce monde-ci.

(2) Il y a dans le texte *Quæ nihil aliud eſtis quam ipſiſſimæ beſtiæ fœdæ.* Nous avons crû devoir adoucir cette expreſſion barbare en faveur du beau ſexe.

Si la femme était de l'eſpèce humaine, le Sauveur ſe ſerait mal expliqué, lorſqu'il dit en parlant de la Cananéene, qu'il ne convient point de la ſecourir, d'enlever le pain des enfans des hommes pour le donner à des chiens, parce qu'on n'enleve point ce qui eſt en commun à différentes perſonnes, pour le remettre à quelques-unes de ces différentes perſonnes; mais le Sauveur s'eſt certainement bien exprimé. Ainſi humiliez-vous, femmes orgueilleuſes, avec la Cananéene lorſqu'elle dit: Il eſt vrai, Seigneur, nous ſommes des chienes, mais les petites chienes mangent au moins les mietes qui tombent de la table de leur maître. Qu'il vous ſoit permis de demander ces mietes qui tombent quelquefois de la table des maîtres, mais non pas ce véritable pain nourriſſant que Dieu fait ſervir aux hommes, comme les ſeuls maîtres dignes de le manger. Ces mietes ne ſont pas une véritable nourriture qui donne la vie, ainſi vous n'y trouverez pas le ſalut que vous désirez. Imitez l'exemple de Marie Magdeleine, qui se sentant possédée du diable, & se regardant comme une chiene, se traîna, en imitant cet animal, jusques aux pieds du Sauveur, pour lui demander le secours qu'elle obtint par ses humiliations, ainsi que sa sœur Marthe.

Nos adversaires indignés contre nous, répondront en faveur des femmes, que Jesus a dit à la Cananéene : ô femme ! votre foi vous a sauvée. Lorsqu'on n'a pas la vérité pour guide on donne facilement dans le faux. Jesus n'a dit aucune part à la Cananéene, votre foi vous a sauvée, mais il lui a dit : *qu'il vous soit fait comme vous le désirez*; ou comme le dit l'autre Evangeliste : *allez à cause de cette parole*; mais quelle était cette parole ? l'aveu qu'elle faisoit qu'elle était une chiene (3), qui doit manger au

(3) Saci a été dans l'opinion que la Cananéene croyait réellement être une chiene. Les ames saintes, dit-il, avouent comme la Cananéene, qu'elles ne sont que des chienes, & en le disant comme la Cananéene, elles le croyent aussi comme elle.

moins

moins les mietes qui tombent de la table du maître. Si les femmes de notre siécle veulent donc se délivrer du diable qui les posséde quelquefois, si elles veulent éviter les miséres & les maux qui les accablent dans cette vie; qu'elles se dépouillent de cet orgueil qui leur est si commun; qu'elles avouent qu'elles sont de véritables chienes, elles recevront alors la même réponse faite à la Cananéene : *qu'il vous soit fait comme vous le désirez*.

Nos argumens ont peut-être peu de force. Consentons que Jesus-Christ ait dit à la Cananéene, ainsi qu'à la femme attaquée d'une perte de sang; votre foi vous a sauvée; que peut-on conclure de-là? S'ensuit-il que les femmes soient de l'espèce humaine, & que ces femmes de l'Ecriture ont obtenu du Sauveur le salut de leur ame? Le mot de sauver ne regarde que la santé du corps, parce que ces femmes à qui le Sauveur a adressé les paroles que nous avons cité, ne demandaient que la guérifon de leur maladie. Marie Magdeleine demandait d'être délivrée des démons qui tourmentaient fon corps ; une autre demandait d'être guérie de fa perte de fang. Le Sauveur n'eut garde de leur accorder ce qu'elles ne demandaient point, ne s'étant jamais adreffées à lui pour le falut de leur ame, mais feulement pour la guérifon de leurs maux, qui les forçaient à chercher un reméde efficace. C'eft pourquoi S. Luc n'a pas écrit : *votre foi vous a fauvée*, mais *votre foi vous a confervée :* auffi S. Matthieu a-t-il ajouté, *& elle a été guérie à la même heure.* On peut affûrement conclure qu'il ne s'agit pas dans ces paffages du falut de l'ame, puifqu'on ne l'obtient que dans l'autre vie, & que felon quelques Théologiens, il eft décidé de toute éternité (4). On doit donc

(4) La matière de la prédeftination eft fi fublime & fi difficile felon S. Auguftin, que quand on veut foutenir le libre-arbitre, on femble nier la grace de Dieu, & que quand on veut défendre la grace de Dieu, on femble ôter le librearbitre.

croire qu'il s'agit ſeulement de la ſanté, puiſqu'effectivement ces femmes l'obtinrent d'abord après les paroles du Sauveur.

On objectera encore que la foi ne peut regarder qu'une créature raiſonnable de l'eſpèce humaine. C'eſt ici une objection tirée de l'équivoque du mot. Les diables croyent, eſt-il dit dans l'Ecriture, & ils ſont ſaiſis d'effroi, ils ont par conſéquent de la foi. La foi n'appartient donc pas ſeulement aux hommes. On confond les différentes eſpèces de foi. On ne diſtingue pas cette foi qui juſtifie l'ame, qui eſt la ſeule véritable, de laquelle l'Apôtre dit expreſſément : il n'y a qu'une ſeule foi ; on ne la diſtingue pas, dis-je, de cette foi purement hiſtorique, qui ne regarde pas ſeulement les hommes, mais auſſi les femmes & les diables. Qui eſt le Théologien qui ait enſeigné qu'on trouve une vive foi dans les femmes, contre la penſée de l'Apôtre, qui n'admet aucune foi dans les femmes, qui dit poſitivement, que la femme n'est pas sauvée par la foi, mais par la génération des hommes. La foi des femmes est comme la foi morte des hommes méchans, qui ressemblent plutôt à des cadavres, selon le langage de l'Ecriture, qu'à des hommes vivans. S'il n'y avait que les créatures humaines qui fussent capables d'avoir de la foi, il s'ensuivrait que les enfans mâles, qui sont aussi des créatures humaines, pourraient avoir la foi. Ce qui est ridicule de supposer (5).

Ces femmes, dont il est parlé dans l'Ecriture, savaient & étaient persuadées que Jesus-Christ était le véritable Messie, qui pouvait guérir toutes leurs maladies; mais elles savaient aussi qu'il n'avait pas été envoyé pour elles. C'est pourquoi on voit dans l'Evangile, que les Apô-

(5) C'est faire injure au bon sens, dit S. Augustin, de s'imaginer que les enfans qu'on baptise sont capables d'avoir la Foi. August. Epit. 57. L'existence de la Foi dépend de la raison, puisqu'il n'y a point de créature privée de la raison qui en soit susceptible; & si l'on veut le contester, il faut nécessairement soutenir que la Foi naît de l'ignorance, ce qui est pis encore.

tres

tres étaient ſurpris de ce qu'il daignait parler à une femme, ce qui certainement n'eſt pas ſans myſtère. L'extrême néceſſité, qui n'a point de loix, les obligeait à s'approcher du Meſſie; elles venaient lui demander leur guériſon, lorſque tous les remédes qu'elles avaient pris pour leur maladie, avaient éludé l'art de la médecine; lorſqu'enfin, ſelon le langage de l'Evangeliſte, elles avaient employé en vain tout leur bien à ſe faire traiter par les médecins. Elles venaient alors au-devant du Meſſie, les larmes aux yeux, la crainte dans le cœur, pour implorer ſa miſéricorde, pour lui demander, non le pain deſtiné pour les hommes, mais les mietes; pour avoir le bonheur de toucher, non ſon corps, mais ſeulement le bout de ſa robbe. Quoique le divin Meſſie ne reçût point avec bonté ces femmes; qu'il les rebuta, comme il fit la Cananéene; qu'il témoigna même de la colere à l'Hémoroïſſe, pour lui avoir touché le bout de ſa robbe; néanmoins voyant leur grande foi, il leur accorda un ſecours extraordinaire, à la honte de plusieurs hommes incrédules qui ne croyaient pas auſſi fermement, que ces femmes, qu'il était le Fils de Dieu envoyé pour Adam & pour ſa poſterité. Voilà pourquoi le Sauveur dit ces paroles remarquables : *Je n'ai pas trouvé tant de foi dans Iſraël*; c'eſt-à-dire, dans les hommes comme dans les femmes, qui ne me regardent en rien. On ne doit pas être ſurpris de ce peu de foi dans les Iſraëlites, puiſque le Redempteur leur a enlevé ſon héritage pour le transmettre aux Gentils. Comme il eſt prouvé par pluſieurs obſervations, que la foi & la confiance qu'ont certains malades pour leur médecin, ou pour un reméde, leur ont porté plus de ſoulagement que le reméde même & tout l'art du médecin, on peut de même avancer que la foi & la grande confiance de ces femmes de l'Ecriture, leur ont porté plus de ſoulagement que le divin Meſſie à qui elles avaient recours. Aussi est-il écrit, *votre foi vous a sauvée*. On peut donc dire sans impiété, que c'est réellement leur foi qui les a sauvées.

Pour le coup, diront nos antagonistes, nous vous prenons par votre propre discours : vous avez avancé premièrement que le Messie avait été envoyé pour Adam & pour sa postérité. S'il a été envoyé pour sa postérité, il a été envoyé aussi pour les femmes, qui sont aussi de la postérité d'Adam. Secondement vous avez avancé que la femme se sauve par la génération ; elle est donc, concluent nos antagonistes, une créature humaine, digne du salut éternel. Attendez, ne chantez pas encore victoire, répondons-nous ; prouvez-nous auparavant que les femmes sont de la postérité d'Adam. Vous ne pourrez jamais le prouver ; on voit clairement dans le vieux & dans le nouveau Testament quelle est cette postérité d'Adam. On y voit clairement qui sont ceux qui sont issus d'Adam, qui font fes fils & fes petits-fils ; on y voit qu'Abraham eft iffu d'Adam, qu'Abraham a engendré Ifaac, Ifaac Jacob, Jacob Judas, Judas Pharès, Pharès Erron, & ainfi de fuite. On n'y voit aucune trace de la filiation & de la poftérité des femmes. On doute de leur origine ; on ne fait pas bien d'où elles fortent. Il eft donc clair que la poftérité d'Adam eft reftrainte feulement aux hommes, dont l'origine eft certaine. Parmi les Hébreux les filles n'avaient aucun titre, ni aucun droit d'aîneffe (6). On ne trouve point qu'on leur donnât le nom de première née, comme aux jeunes garçons ; au contraire, ceux-ci étaient appellés les aînés de la maifon, quoiqu'ils ne fuffent venus au monde qu'après leurs fœurs ; & ils étaient offerts à Dieu comme les feules créatures

(6) Les filles n'héritaient point dans Ifraël. La Loi de Moyfe ne leur était point favorable à cet égard, & comme s'il était décidé qu'elles ne font pas partie du genre humain, le droit naturel, ce droit qui parle au cœur de tous les hommes, n'était pas reconnu des Hébreux.

qui lui fussent agréables (7).

Pour ce qui est de l'autre argument, nous pouvons le tourner en notre faveur. Nous convenons que nous avons avancé avec l'Apôtre, que la femme se sauve par la génération, c'est-à-dire, par les enfans qu'elle met au monde; mais on ne peut pas conclure de-là qu'elle est une créature humaine, & qu'elle peut avoir part à la vie éternelle; car les Théologiens de toutes les sectes ont enseigné que la créature humaine est justifiée par la Foi : or, si cette doctrine est véritable, la femme n'est pas une créature humaine, parce qu'elle n'est pas sauvée par la Foi comme le reste des hommes, mais par la génération. On doit interprêter le mot *est sauvée*, par la santé & les honneurs qu'elle obtient dans ce monde. Voici les raisons qui

(7) On peut ajouter que Dieu, partageant la terre promise aux enfans d'Israel, ne voulut pas que les femmes fussent admises au partage, parce que, selon la pensée de S. Cyrille, Dieu rejette ce qui est réprouvé & imparfait, & ne partagea qu'aux hommes la terre promise, parce qu'ils lui sont agréables. Cyrill. liv. 3.

appuyent ce ſentiment. On ne voit aucune part que la femme ſtérile ſoit damnée par rapport à ſon ſtérilité ; elle était ſeulement en opprobre & mépriſée dans l'ancienne Loi, ce qui ſuffiſoit pour lui faire mener une vie languiſſante ; car il eſt écrit : *Malheur à la femme ſtérile qui n'a point des enfans dans Iſraël ;* & il eſt ajouté : *Bénédiction à la femme féconde qui laiſſe des enfans dans Sion ;* parce que celle-ci remplit les conditions que le Créateur lui a impoſé pour ſervir d'aide à la propagation du genre humain ; tandis que la femme ſtérile eſt parfaitement inutile dans le monde. (8)

Il y auroit de la folie de penſer que dans ce paſſage il s'agit du ſalut des ames

(8) La virginité étoit en opprobre chez les Hébreux. On ne pouvait faire un plus grand affront à un homme, que de lui reprocher qu'il ne bâtiſſait point la maiſon de ſes peres, & ne faiſait pas revivre leur nom dans Iſraël. De-là viennent les pleurs de la fille de Jephté, qui faiſait le dueil de ſa propre perſonne, comme d'une perſonne morte, parce qu'elle mourait ſans être mariée, & ſans avoir donné des héritiers à ſon pere. De-là ces menaces du Seigneur dans Iſaïe, & Jeremie. Iſaie 4. 1. Jerem. 31. 22.

des femmes. Si elles étoient ſauvées par les enfans qu'elles mettent au monde, la mort du Sauveur leur ſerait inutile, de même que leur Foi. Il s'en ſuivrait encore qu'il n'y aurait point de ſalut pour les vierges, ni pour les femmes qui n'ont pas eu des enfans; tandis qu'au contraire les filles de mauvaiſe vie qui ont fait des enfans, obtiendraient le ſalut de leur ame. Malheur, eſt-il dit cependant dans l'Ecriture, aux femmes enceintes, & qui alaiteront lorſque le Fils de l'Homme viendra juger les vivans & les morts. Ce malheur dont elles ſont ménacées, s'accorde-t-il avec leur ſalut par la génération?

Mais prenez garde, diront encore nos antagoniſtes: l'Apôtre a bien dit que les femmes ſe ſauveront par les enfans qu'elles mettront au monde; mais il a ajouté dans le meme paſſage: *ſi elles reſtent dans la Foi.* Nous répondons qu'on trouve dans les originaux & dans des vieux manuſcrits de l'Ecriture-Sainte, le paſſage différent: on lit, *ſi ſes fils reſ-*

tent dans la Foi. (9) Quel ſens adopter ? Voulez-vous dire que les femmes obtiendront leur ſalut ſi elles reſtent dans la Foi ? mais alors ce ſera la Foi qui les ſauvera. Vous ne ſerez pas d'accord avec l'Apôtre, qui dit expreſſement qu'elles ne peuvent ſe ſauver que par les enfans qu'elles mettent au monde. Il vaudrait mieux s'en tenir à l'autre ſens, qui eſt plus conforme à la concorde de l'Ecriture ; mais il eſt d'ailleurs raiſonnable de penſer que comme les fils qui ne reſtent pas dans la Foi, ne devraient pas être la cauſe de la damnation de leur mere ; de même ceux qui reſtent dans la Foi, ne devraient pas être la cauſe de leur ſalut. On ſerait en droit de conclure que la femme qui fait des enfans, n'obtient que des bénédictions dans ce monde-ci ; que nous n'avons que l'exemple de la Vierge Marie qui, par rapport à ſon Fils, a été bénie par-deſſus toutes les

(9) Le Grec dit au pluriel, *s'ils demeurent conſtans dans la Foi*, dans la charité. La plûpart des Peres & des Interprêtes le rapportent aux enfans, & non aux meres ; comme S. Jerôme, S. Ambroiſe. Sacy s'eſt décidé pour ce ſentiment.

les femmes, & a reçu par prédilection la récompense éternelle.

On prétendra peut-être proposer un argument difficile à résoudre, lorsqu'on opposéra que les femmes sont des créatures humaines, parce qu'on voit dans l'Ecriture que leurs péchés leur ont été pardonnés. On citera l'exemple de Magdeleine pécheresse à qui Jesus dit : *Allez, vos péchés vous sont remis.* Nous pourrions répondre qu'un exemple ne tire pas à conséquence; que quoique les femmes ayent reçu le pardon de leurs péchés, on ne peut pas conclure qu'elles saient de la race des hommes. La défense que Dieu fit de manger du fruit de l'arbre de vie ne regardait point du tout la femme, mais l'homme ; car la femme n'était pas encore créée lorsque Dieu fit ce commandement : *Ne mangez pas du fruit de l'arbre de la science du bien & du mal.* Cette défense ne fut pas même répétée à Eve après sa création ; aussi Dieu ne l'appella point après la désobéissance ; mais il se contenta de dire : *Adam, où es-tu?* c'eſt à lui ſeul qu'il adreſſa la parole ; il n'en fit pas le réproche à Eve. (1) Il eſt encore écrit que nous avons tous péché dans la perſonne d'Adam, & non dans la perſonne d'Eve ; (2) que nous avons contracté le péché originel de notre pere & non de notre mere. C'eſt pourquoi dans l'ancienne Loi tous les enfans mâles étaient circoncis : on ne circoncisait point les

(1) Ce ne fut qu'après la chûte d'Adam que Dieu traita comme rebelles nos premiers peres. Ce fut à Adam ſeul qu'il s'adreſſa d'abord après ſa chûte ; ce fut lui qu'il railla d'une manière ſi piquante, lorſque l'ayant revêtu d'une peau, il lui dit : voilà Adam qui eſt devenu ſemblable à nous ; & il ſemble même qu'Eve n'a été chaſſée du paradis terreſtre que par rapport à lui ; car l'Ecriture ne nomme que lui dans cette ſortie, de peur, eſt-il écrit, qu'Adam ne mange encore de l'arbre de vie, & qu'il ne vive éternellement, Dieu le fit ſortir du jardin de volupté.

(2) Dieu, dit le ſçavant Dom Calmet, fit une alliance avec Adam, il promit de le rendre heureux, & Adam promet de lui obéir. La femme n'entre pour rien dans cette alliance ; elle n'aurait pû la rompre par ſon infidélité perſonnelle : d'où l'on peut inférer que ſi Eve eût péché elle ſeule, ſon péché n'aurait nuit qu'à elle, & non à ſa poſtérité. On pourrait conclure encore de ce raiſonnement, qu'il n'y a que les hommes qui ayent péché dans Adam.

filles, parce qu'il n'était nécessaire de laver la souillure du péché originel, que dans le sexe qui l'avait seulement contracté. (3) Or donc, si la femme n'a pas contracté le péché originel,

(3) S. Augustin, S. Prosper, S. Fulgence, S. Gregoire le grand, S. Bernard, le vénérable Bede, & plusieurs Docteurs ont paru approuver ce que l'on avance ici. Ils ont prétendu que la Circoncision remetait le péché originel, & conferait la grace justifiante, & quiconque ne l'avait pas reçue, étoit damné éternellement. S. Augustin prouve dans les paroles même de l'établissement de la circoncision, la preuve de ce sentiment. *Tout enfant mâle*, est-il écrit, *dont la chair du prépuce n'aura pas été circoncie, sera exterminé de son peuple, parce qu'il a violé mon alliance.* Il soutient qu'être retranché de son peuple, signifie être condamné à l'enfer, & que *l'alliance* dont il s'agit dans ces mots, *il a violé mon alliance*, ne peut signifier que celle que Dieu avait fait avec Adam, & que nous avons tous violé dans sa personne. Au reste, le Samaritain & la version des Septante, favorisent cette opinion, de même que l'hébreu où ces mots, *le huitième jour*, ne se lisent point. Si le sentiment de ces saints Personnages était fondé sur la vérité, que devenait le salut des pauvres femmes dans Israel?

Strabon a cru que les Juifs avaient une Loi qui leur ordonnait de circoncire les filles, mais il s'est trompé en cela. Il n'y a ni loi ni usage parmi les Juifs qui favorisent sa prétention. Il est vrai que quelques peuples ont la coutume de circoncire les filles, mais ce n'est pas un acte de Religion, c'est plutôt une opération de chirurgie pour les guérir de l'incommodité des longues nymphes.

elle ne péche pas à présent, parce que c'est un principe dans la Religion, que les hommes ne pécheraient point, s'ils n'étaient pas nés avec le péché originel dérivé d'Adam.

Après ce que nous venons de dire, il est facile de comprendre que si les femmes péchent, leurs péchés ne différent guere des fautes que les bêtes commettent; qu'ils ne consistent que dans des pures bêtises ou de miséres. Dirait-on qu'on ne peut regarder de cette façon les péchés de Magdelaine qui était possédée par sept diables (4)? nous répondrions que des cochons étaient aussi possédés par des diables, quoiqu'ils ne fussent coupables d'aucun péché. L'Apôtre

(4) Les péchés de Magdelaine ne la rendaient pas démoniaque, c'était plutôt quelque maladie convulsive. Les Juifs attribuaient la plupart des maladies, principalement celles qui troublent l'esprit & disloquent les membres, à la malice des démons; ils s'imaginaient que ces maladies ne pouvaient se guérir que par des sortileges. Aussi voyons-nous dans l'Evangile, que quand Notre-Seigneur guérissait les malades & les possédés, les Juifs disaient que c'était par la vertu des démons qu'il opérait ces miracles.

vient ici à l'appui de notre sentiment, lorsqu'il dit que *le péché est entré dans le monde par un homme* (Adam). La femme n'ayant point péché, n'a pas eu besoin du médiateur; il n'est venu que pour sauver les hommes qui ont reçu le péché d'Adam. Ce Rédempteur au contraire a dû naître d'une femme qui fût comme lui sans tâche de péché. Il n'est question d'aucune femme damnée dans l'Ecriture, ce qui prouve clairement qu'étant incapables par leur état d'offenser la Divinité, elles sont aussi à l'abri de la perdition éternelle.

Cependant on lit qu'Eve disait au serpent: Dieu nous a défendu de toucher à l'arbre de vie. Elle avait tort de tenir ce langage; car Dieu en faisant cette défense ne s'adressait pas à elle, mais à Adam: il ne lui défendait point de toucher cet arbre, mais de manger du fruit de cet arbre. Eve ajoutoit encore mal-à-propos: de peur que peut-être nous ne mourions (5). Si elle était per-

(5) L'Hébreu, le Caldéen, le Syriaque, &c.

suadée de la menace attachée à la défense, pourquoi n'était-elle du doute dans ses paroles ? Aussi le serpent lui répondit-il affirmativement : non, vous ne mourrez point. C'est comme s'il lui eût dit : comment voudriez-vous mourir ; cette défense ne vous regarde point. L'événement prouva qu'Eve ne mourut pas après avoir mangé de la pomme ; ses yeux ne s'ouvrirent qu'après qu'Adam en eut mangé : du moins Eve ne s'apperçut pas que la malédiction suivait immédiatement son offense, puisqu'elle présenta le fruit à Adam. Mais pourquoi, dira-t-on, Dieu la punit-il ? Il ne faut pas en être surpris ; car il punit aussi le serpent à qui la défense ne s'adressait point, & qui n'était pas une créature humaine. On peut même nier qu'Eve ait été punie pour avoir mangé du fruit défendu ; car comment pourrait-on faire consister sa punition en ce que Dieu dit : *Vous enfanterez dans la douleur ?*

portent à la seconde personne : *de peur que vous ne mouriez*. La menace ne regardait donc qu'Adam.

Elle n'avait pas encore vû l'arbre de vie, lorsque Dieu défendit d'en manger le fruit. La douleur que la femme ressent dans l'enfantement est passagère : elle est fondée sur l'irritabilité des fibres ; elle est commune à tous les animaux femelles, qui certainement n'ont pas mangé du fruit défendu (6).

Si nous fouillons l'Ecriture, nous y verrons que bien loin que les femmes aient été blâmées de leur crime & de leur perfidie, elles en ont au contraire reçu des louanges & des bénédictions. On loue Rachel du tour qu'elle joua à son pere pour lui cacher les idoles d'or qu'elle lui avoit volé en quittant sa maison. On applaudit à l'artifice dont Rebeca se servit pour faire bénir son fils Jacob par son mari au préjudice de son fils Esaü. La trahison de la courtisane Raab, qui cacha les espions de Josué,

(6) Lorsqu'on soutenait au Pere Malebranche que les animaux n'étaient que des pures machines, qu'ils étaient sensibles à la douleur ; il répondait en plaisantant, qu'apparemment ils avaient mangé du foin défendu.

a été applaudie comme un acte de justice. Lorſque Siſara fuyait après ſa défaite, Jaël alla au-devant de lui & le pria d'entrer dans ſa tente. Comme ſa fuite précipitée avait épuiſé toutes ſes forces, il ſe coucha par terre, & Jaël le couvrit, après lui avoir donné du lait à boire au lieu de l'eau qu'il lui avait demandée. Lorſqu'il étoit dans un ſommeil profond, cette femme prit un grand clou qu'elle enfonça dans la tête de Siſara, & cloua inhumainement contre terre ce général qui s'était livré à ſa bonne foi. Cette action déteſtable a été cependant comblée d'éloges. Que Jaël reçoive toutes ſortes de bénédictions, eſt-il écrit dans l'Ecriture. Perſonne n'ignore l'hiſtoire de Judith, qui après s'être aſſurée par ſes perfides careſſes, de la confiance & de la perſonne d'Holopherne, lui trancha la tête. Avec quelle louange l'Ecriture n'exalte-t-elle point cette action : il ſemble que l'iniquité des femmes paſſerait plutôt pour une vertu, que la probité des hommes (7).

Les filles de Loth ne sont pas blâmées de leur inceste avec leur pere; tandis que la postérité de celui-ci, qui reçoit tout le blâme du crime, est déclarée indigne de servir dans l'Eglise du Seigneur. L'incestueuse Thamar reçoit aussi le pardon de son crime, & elle est déclarée plus juste que le Patriarche Juda; son inceste ne lui ôte pas le droit de continuer la lignée d'où le Messie doit naître. On voit aussi dans l'Ecriture que le Seigneur absout la femme surprise en adultère, & qu'il ne permit pas qu'on la punit. Les Loix des Empereurs Romains défendaient aussi de punir de mort les femmes adultères, & de les mettre en prison pour dettes. Tout cela prouve que leurs péchés ne sont pas censés des péchés réels : c'est pourquoi S. Luc rapporte que les convives qui étaient assis à la table

(7) Si l'iniquité des femmes est louée dans l'Ecriture, leurs bonnes actions d'un autre côté sont fort dépréciées; car il est écrit dans l'Ecclésiaste, que l'iniquité de l'homme est plus estimable, qu'une bonne action de la femme.

de Simon Pharisien avec Jesus, étaient surpris de ce qu'il remetait les péchés à Magdelaine qui n'était pas empressée d'en obtenir le pardon, mais de voir chasser les diables de son corps. Le but de la remission de ses péchés ne regardait pas la vie éternelle, mais la délivrance de son corps endiablé : la rémission des péchés dans les femmes doit donc être prise dans un autre sens que la rémission des péchés des hommes. Ajoutez que le Sauveur ayant enseigné seulement aux Apôtres, qui représentoient les hommes, l'Oraison Dominicale, il n'appartient qu'à ceux-ci, & non aux femmes, de réciter dans leurs prieres : *Pardonnez-nous nos offenses* (8).

(8) Les femmes Turques de la côte de Barbarie se croyent dispensées de réciter des prieres. Personne ne trouve mauvais qu'elles ne fréquentent point les Mosquées. On croit dans ce pays assez généralement, & elles se persuadent elles-mêmes, que Dieu ne les a créées que pour contribuer au plaisir de l'autre sexe, & que pour perpétuer la race humaine. Cette opinion acheve d'éteindre en elles tout sentiment de vertu. Aussi les hommes ne les estiment que pour les plaisirs ; elles tombent dans le dernier mépris, lorsqu'elles deviennent inutiles au plaisir. *Vid. l'Histoire moderne* de l'Abbé Marsy.

En preuve de notre thèse, on pourrait dire que la raison pour laquelle les Apôtres rebutaient les femmes qui apportaient leurs enfans à Jesus, était parce que parmi ces enfans, il y avait assûrement des jeunes filles, pour lesquelles le Messie n'étoit pas venu (9).

Les Saducéens demandaient à Jesus, à qui appartiendrait dans la résurrection la femme qui avait épousé les sept freres. Il leur répondit, *vous êtes dans l'erreur, ne comprenant pas les Ecritures.* Mais pourquoi étaient-ils dans l'erreur? Parce qu'ils croyaient imbécilement que les femmes ressusciteraient, ne comprenant pas les Ecritures, où il n'est pas question de leur salut. Jesus continua de leur dire : *dans la résurrection les hommes n'auront point de femmes.* Pourquoi cela? Parce qu'il n'y aura aucune femme dans la résurrection; les hommes seront alors comme les Anges de Dieu dans

(9) Dieu est appellé dans l'Ecriture le Pere d'Abraham, d'Isaac & de Jacob; les hommes y sont appellés les enfans de Dieu, & les filles les enfans des hommes.

le ciel. De quelle façon sont à présent les Anges dans le ciel ? Ils n'y ont certainement aucun rapport avec les femmes ; il n'est question d'aucun Ange femelle (1). Concluons donc qu'il n'y a que les hommes qui puissent entrer dans le ciel.

Jesus dit à sa propre Mere : *Femme, quel rapport y a-t-il entre vous & moi ?* S'il n'appartient en rien à sa Mere qui l'a engendré, il y aura certainement beaucoup moins de rapport entre lui & les autres femmes. On objecterait peut-être ici que Jesus étant appellé le Fils de l'Homme, Marie doit être une créature humaine. Nous pourrons accorder cela ; mais il faudra convenir aussi que c'est plutôt par la grace de Dieu que par sa propre nature. C'est pourquoi l'Ange lui dit : Je vous salue Marie pleine de grace, vous êtes bénie par-dessus toutes les femmes. Pourquoi a-

(1) Quelques Rabbins ont cru que parmi les Anges il y avait de la différence du sexe, les uns étaient mâles, & les autres femelles : mais on connait depuis long-tems les reveries des Rabbins.

t-elle

t-elle été bénie par-dessus toutes les femmes ? Parce qu'elle a reçu la faveur d'être une créature humaine par préférence sur toutes les autres femmes. On peut avec raison lui donner le nom d'homme, parce qu'elle a engendré sans le secours d'aucun homme, & qu'elle a elle-même fait la fonction de l'homme. Que les femmes de notre siécle s'avisent de faire des enfans sans les hommes, nous croirons alors volontiers qu'elles méritent autant qu'eux, & qu'elles sont de la même espèce (2).

Une femme qui suivait Jesus s'étant mise à crier au milieu de la foule ; *heureuses sont les entrailles qui vous ont porté & les mammelles qui vous ont alaité*, Jesus répondit : ceux qui écoutent la parole de Dieu & qui la

(2) Pomponius Mela a parlé d'une isle près de l'Ethiopie, où il n'y a que des femmes, qui sont fécondes sans la compagnie d'aucun homme. Nos Géographes & nos Voyageurs modernes ne parlent pas de cette isle ; c'étoit apparemment une de ces isles flotantes qui ont fait naufrage. Quel domage que l'espèce de pareilles femmes soit perdue !

gardent ſont bien plus heureux. On voit par-là qu'il a fait appercevoir du doute ſur le ſalut de ſa Mere. Que doit-on penſer ſur le ſalut des autres femmes ? On a coutume de couvrir ce qui eſt ſale & dèshonnête : or donc, puiſque l'Apôtre recommande expreſſement aux femmes de couvrir leur tête, on peut en conclure qu'étant ſouillées devant Dieu, elles n'entreront pas dans le royaume des cieux, puiſqu'il eſt écrit que rien d'impur ni de ſouillé n'y entrera. Les femmes, eſt-il écrit encore, qui ſe livrent aux voluptés, ſont regardées comme mortes, quoiqu'elles ſemblent vivantes.

On alléguera, contre notre ſentiment, le paſſage de S. Paul, aux Galates : il n'y a plus de Juifs ni de Gentils ; d'eſclaves ni de libres, d'homme ni de femme ; car vous n'êtes tous qu'un en Jeſus-Chriſt. On voudra prouver par-là que la femme eſt une créature humaine. La conſéquence n'eſt pas juſte ; car en raiſonnant ainſi, on pourrait conclure que le Juif & le Gentil sont des hommes ; ce qui ferait donner une tournure ridicule au passage, & tirer une conséquence aussi ridicule sur un fait dont personne ne doute. Il faut que le Juif & le Gentil se dépouillent du judaïsme & du gentilisme, qu'ils soient fidéles à la foi, pour n'être qu'un en Jesus-Christ. Afin que la femme soit aussi avec l'homme une créature en Jesus-Christ, il faut qu'elle se dépouille de son sexe ; or comme la chose est impossible, on peut inférer de-là combien peu elle appartient à Jesus-Christ. Les hommes peuvent dépouiller le vieil homme (Adam) : a-t-on vu quelque part dans l'Ecriture, que les femmes soient sollicitées à dépouiller la vieille femme (Eve) ?

On ne voit pas comment les femmes ne peuvent faire qu'un avec les hommes en Jesus-Christ ; puisque Jesus-Christ lui-même & les Apôtres ont commandé aux hommes d'abandonner leurs femmes, pour qu'ils soient parfaits & qu'ils obtiennent la vie éternelle. Les Eunuques qui se sont séquestrés des femmes, sont extrêmement loués dans l'Ecriture; Jesus-Christ n'a point voulu s'unir à aucune femme; les Apôtres ont renvoyé les leurs, ont conseillé aux autres d'en faire de même, *ajoutant que celui-là qui ne se souillera pas par leur commerce, plaira infiniment à Dieu; qu'il est bon que l'homme ne touche aucune femme.*

Si on faisait l'objection ridicule, qu'une femme est tellement persuadée d'avoir mis au monde une créature humaine, lorsqu'elle accouche d'une fille, qu'elle s'en réjouit, selon l'Ecriture, malgré les douleurs de l'accouchement; nous repondrions qu'il n'est pas fort commun de voir réjouir les femmes de la naissance d'une fille; qu'elles témoignent au contraire beaucoup de joie de la naissance d'un garçon: ce qui, selon Aristote, n'est pas fort surprenant, puisqu'il assure que la fille est un monstre dans la nature (3), ou plutôt comme dit Platon,

(3) Aristote a soutenu que la nature ne formait des femmes que lorsqu'à cause de l'imperfection de la matiere, elle ne pouvait pas venir un

un animal irraiſonnable. D'ailleurs, il eſt écrit que la femme ſe ſauvera par les fils

au ſexe parfait. Les Philoſophes Platoniciens ont eu une idée ſemblable. Marcille Ficin aſſure que la vertu générative dans l'homme s'efforce de produire un mâle, comme étant ce qu'il y a de plus parfait dans ſon genre, mais que la nature univerſelle veut quelquefois une femelle, afin que la propagation due au concours des deux ſexes perfectionne l'univers. Le fameux Scot a écrit que la femme n'eſt que comme un accident de l'homme ; que ce n'eſt que par occaſion que la femme eſt ce qu'elle eſt, que la nature tend toujours à produire un homme, mais qu'elle n'y réuſſit pas toujours à cauſe de l'indiſpoſition de celui qui engendre, ou de celle qui concourt ; & alors, contre ſa première intention, elle ne produit qu'une femme.

Ce qu'il y a de plus ſurprenant, c'eſt que cette opinion bizarre d'Ariſtote a été ſuivie par S. Thomas, Cajetan, & par pluſieurs autres Scolaſtiques.

La plûpart des anciens Philoſophes ont auſſi regardé la femme comme un homme manqué. Platon a douté s'il devait mettre les femmes dans la claſſe des bêtes. Anaximandre avait l'orgueil de croire qu'elles ſont des êtres très-inférieurs à l'homme. Chriſippe les regardait comme un ornement dont Dieu avait fait préſent à l'homme..

Nous ſupprimons les brocards des autres Philoſophes, nous ajouterons ſeulement que tous les Poetes Philoſophes Grecs depuis Orphée, ont dit beaucoup de mal des femmes. Euripide s'eſt acharné à les inſulter, & il ne nous reſte preſque de Symonide qu'une violente invective contre elles. Les Poetes latins ne leur ont pas été plus favorables. Si l'on en croit Voſſius, le grave Juriſconſulte Cujas a bien voulu auſſi s'égayer ſur elles, en adoptant notre Paradoxe.

qu'elle mettra au monde, & non par ſes filles, motif qui doit l'engager à ſe réjouir de la naiſſance d'un garçon, & qui prouve que le paſſage en objection ne regarde que la naiſſance des enfans mâles. Qu'on fouille l'Ecriture-Sainte tant qu'on voudra, on verra toujours que dans une infinité d'endroits le mot homme ne regarde que les mâles, & nullement les femmes. Je conſens de perdre leur bonne grace, ſi on trouve un ſeul paſſage qui prouve le contraire.

Nous ne devons pas paſſer ſous ſilence un paſſage de ſaint Luc qu'on pourroit tourner contre nous : il eſt dit que Jeſus-Chriſt reſſuſcita la fille de Jaïre. Voilà donc une preuve que les femmes reſſuſciteront. Nous répondrons qu'on doit faire attention qu'il eſt écrit que Jeſus dit : *ne pleurez point, elle n'eſt pas morte, elle eſt ſeulement endormie.* Il eſt clair par ces paroles que ſi cette fille eût été morte, Jeſus ne l'auroit pas reſſuſcitée. Il eſt certain par le témoignage même du Meſſie, qu'elle ne faiſait que dormir, qu'elle n'était pas morte comme on le croyait ; par conséquent il n'est pas surprenant qu'elle n'ait pas été ressuscitée. Jesus défendit à tous ceux qui étaient présens, de parler à personne de ce qui s'était passé. Pourquoi cela ? afin que les femmes ne pouvant pas prendre exemple de cette résurrection, ne pussent pas s'imaginer follement qu'elles ressusciteront un jour, pour avoir part au salut éternel. (4) Lorsque Jesus ressus-

(4) Plusieurs graves Personnages, comme S. Jerôme, S. Hilaire, S. Basile, Origene, Tertulien, ont eu un sentiment fort singulier sur la résurrection des femmes. Ils ont soutenu qu'elles ne ressusciteront point dans leur propre sexe, fondés principalement sur ces paroles de S. Paul : *jusqu'à ce que nous arrivions dans l'état de l'homme parfait, à la mesure de l'âge complet de Jesus-Christ.* Et ailleurs *pour être rendus conformes à l'image du Fils de Dieu & dans la résurrection*, &c. Ils ajoutaient à ces textes quelques raisons Théologiques & Philosophiques ; par exemple, que l'homme seul a été créé de la terre, & que la femme a été tirée de l'homme, que la femme est un monstre dans la nature, &c.

Suivant cette opinion on pourrait conclure que les femmes ne ressuscitant point dans leur propre sexe avec leur propre corps, ne ressusciteront point du tout, parce que ce qui caractérise essentiellement les femmes, est leur propre sexe ; si

cita le jeune homme, il ne défendit point qu'on publia cette résurrection. L'Evangéliste dit au contraire qu'elle fit beaucoup de bruit dans toute la Judée, & que la nouvelle s'en répandit bien loin dans le païs. Le recit de S. Luc prouve encore notre assertion. Un domestique de Jaïre vint lui dire : votre fille est réellement morte, ne lui (Jesus) donnez pas la peine d'aller plus loin. Cet homme étoit apparemment dans l'opinion reçue, que les filles ou les femmes étant une fois mortes, ne doivent pas ressusciter, & n'ont pas besoin par conséquent du secours du Sauveur. Quand même la fille de Jaïre auroit ressuscité, pourroit-on conclure pour le général des femmes? On lit dans la Legende, que S. Germain ressuscita un âne. Il n'y a cependant que des ânes qui puissent affirmer que les ânes ressusciteront.

On ne voit pas dans l'Ecriture, que

elles ne ressuscitent pas dans leur propre sexe, elles ressusciteront comme des hommes; mais alors elles cesseront d'être femmes.

les femmes aient reçu la communion de l'Euchariſtie ; Jeſus-Chriſt n'a pas recommandé à ſes diſciples de leur administrer ce Sacrement, parce apparemment qu'il n'eſt pas venu ſouffrir pour elles dans ce monde. Cependant l'Ecriture fait mention des femmes baptiſées. On en convient, on voit auſſi tous les jours qu'on baptiſe des temples, des cloches & des vaiſſeaux ; dira-t-on que ce ſont des créatures humaines ? Adminiſtrer le Baptême aux femmes, c'eſt agir contre le commandement de Jeſus-Chriſt, qui a dit clairement : *celui qui croira & ſera baptiſé, ſera ſauvé.* Il n'a pas dit celle qui croira. Le pronom *celui*, dans le grec ni dans le latin, n'eſt pas aſſurement du genre commun à l'homme & à la femme. Il eſt d'ailleurs conſtant chez tous les Saints Peres, que la circonciſion eſt le type du Baptême ; que le Baptême lui a été ſubſtitué dans la nouvelle loi. Or les femmes n'étaient pas ſoumiſes dans l'ancienne loi à la circonciſion ; il ſemble par conſéquent qu'elles ne doivent pas être admises au Baptême dans la nouvelle loi. Leur baptême ne devrait pas être valide, parce qu'on ne voit pas dans l'Ecriture, qu'elles aient été baptisées au nom du Pere, du Fils, & du S. Esprit. Comme S. Paul permettait par complaisance aux premiers Chrétiens la circoncision, quoique proscrite par la nouvelle loi, on tolerait aussi de même par complaisance aux premiers siécles de l'Eglise, qu'on baptisât les femmes. On doit obéir & se conformer aux loix, aux préceptes qui sont prescrits, & non pas aux exemples; ainsi le baptême des femmes ne doit être d'aucune considération, & peut être regardé seulement comme un ancien usage sans conséquence (5).

(5) On pourrait comparer le Baptême des femmes aux Baptêmes des morts, ou pour les morts dont parle S. Paul dans sa première Epître aux Corinthiens chap. 15. On était dans l'usage aux premiers tems de l'Eglise de se faire baptiser pour ses amis morts sans Baptême. Dans des tems plus éclairés on baptisait même les morts. Cette pratique a été foudroyée par les Conciles d'Afrique. Le Baptême, dans l'Ecriture, ne désigne pas toujours le Sacrement: toute ablution du corps faite avec de l'eau est souvent appellée Baptême, non-seulement chez les Auteurs propfanes; mais

Les femmes, diront quelques-uns, appartiennent aussi-bien au Sauveur que les hommes, puisqu'il se montra à des femmes, d'abord après qu'il fut ressuscité. Nous pourrions retorquer : Jesus-Christ se montra d'abord après sa naissance au boeuf & à l'âne, donc il appartient aussi aux animaux, & il est venu au monde pour eux. Quel pitoyable raisonnement! On aurait dû s'appercevoir que la seule raison qui engagea le Sauveur à se montrer aux femmes après sa résurrection, était afin que sa résurrection fût d'abord publiée de tout côté. On connaît le babil des femmes, & leur manie de rendre d'abord public tout ce qu'elles savent. Cependant comme dans tous les tems, leur témoignage n'a pas été d'un grand poids, Jesus-Christ ne voulut pas s'en servir pour témoins irréprochables de sa résurrection. C'est

aussi dans l'Ecriture-Sainte. On baptisait chez les Juifs quelques jours après la circoncision, les Prosélites, & même les femmes, comme on le dit de Sara & de Rebeca; mais ce n'était pas un baptême de grace.

auſſi la raiſon pourquoi S. Thomas & les autres Apôtres, ne voulaient pas y ajouter foi, parce qu'ils n'en avaient d'autres preuves que le témoignage de ces femmes. Bien plus, quelques Apôtres les traiterent de radoteuſes. Effectivement, une d'elles eut de la peine a reconnaître le Sauveur, elle le prenait pour un jardinier, & lorſqu'elle le reconnut enſuite il lui défendit de le toucher; preuve inconteſtable qu'il n'a pas voulu honorer les femmes de ſa réſurrection.

Les femmes vont s'écrier : nous parlons, nous avons une ame & la raiſon en partage, nous ſommes donc des créatures humaines. Nous leur nions la conſéquence; car il y a des oiſeaux qui parlent (6); & l'âneſſe de Balaam qui n'é-

(6) On a prouvé recemment dans un amuſément philoſophique, que les bêtes avaient un langage. Pluſieurs Auteurs avaient eu auparavant le même ſentiment. Chercher le moyen d'entendre leur langage; belle queſtion à propoſer par les Académies.

Les Naturaliſtes ont obſervé que les oiſeaux qui ont la langue plate, ronde d'une certaine ma-

tait

tait pas une créature humaine, a parlé. Parler ſans raiſonner, ce n'eſt proprement que jaſer comme une pie. On prouve que les femmes parlent ſans raiſonner, en ce que l'Apôtre leur défend expreſſement de parler à l'Egliſe : pourquoi cette défenſe, ſi elles parlaient raiſon ? Les Loix leur ont interdit de tout tems les fonctions & charges publiques ; ainſi elles ne peuvent pas faire l'office de Juge, ni exercer aucune Magiſtrature, ni faire la fonction d'Avocat ni de Procureur. Elles ne ſont pas exclues de ces fonctions par rapport à leur ſexe, mais par rapport à leur incapacité & défaut de raiſon. Nous ne voyons aucune part dans l'Ecriture, que Dieu ait donné une ame aux femmes (7). Pluſieurs ſectaires,

nière, avaient plus de facilité d'articuler quelques mots, comme les pies, les peroquets, les geais, les merles.

(7) Il eſt dit dans la Geneſe que Dieu ſouffla ſur la face d'Adam, un ſouffle de vie. Tous les Peres ont entendu par ce ſouffle de vie, l'ame. Ils ont dit que Dieu anima l'homme par ſon ſouffle, & qu'il mit dans ſon corps une ſubſtance ſpirituelle, indépendante du corps, ſortie de Dieu immédiatement, & par conſéquent incorruptible.

M.

entre autres les Anabaptistes, ont été de notre sentiment, & ont tâché de prouver par l'Ecriture, qu'elles n'en ont point. Quand on leur accorderait une ame raisonnable (8), on ne pourrait pas en conclure qu'elles sont des créatures humaines, puisque les Anges & les diables, qui ne sont pas de notre espèce,

& immortelle. Mais Dieu inspira-t-il cet esprit de vie, ou l'ame, à la femme? voilà ce que l'Ecriture ne marque point. Heidegger a observé dans son histoire des Patriarches, que Moyse ne parle pas de l'ame d'Eve, & qu'on ignore quelle en est la raison.

(8) Il faut bien accorder une ame raisonnable aux femmes, puisqu'on en accorde une aux brutes. Que la terre, est-il dit dans la Genese, produise les ames des bêtes. S. Augustin, Arnobe, Lactance, leur accordent une ame spirituelle; & si l'on en croit même Rorarius, elle est d'une meilleure trempe que la notre. Le célébre Leibniz leur accorde encore l'immortalité; non-seulement nos ames, dit-il, mais encore celles des animaux, demeurent & demeureront dans un état de vie, de sentiment & d'action.

L'incomparable Grotius étoit si éloigné de croire qu'elles n'ont point d'ames, qu'il a osé avancer que Dieu lui-même leur servoit en quelque maniere d'ame: accorder une ame spirituelle, immortelle aux bêtes, & soutenir en même-tems qu'elle est différente de celle de l'homme, c'est soutenir un Paradoxe, comme a fait Mr. Bouiller dans son essai philosophique sur l'ame des bêtes.

ont parlé, & ſont doués d'une ame raiſonnable. On voit avec ſurpriſe que le docte Cardinal *Hoſius* ait avancé que l'ame raiſonnable ne conſtitue pas eſſentiellement l'homme (9). Il eſt vrai de dire que rien n'eſt plus mince que la barrière qui ſépare l'inſtinct de la bête, de la raiſon de l'homme; que cet inſtinct même eſt une ame inférieure ſi l'on veut à celle de l'homme. En effet, Dieu nous renvoie aux bêtes pour apprendre d'elles des leçons de ſageſſe. Soyez prudent comme des ſerpens, eſt-il écrit; ayez la ſimplicité, la candeur des colombes; pareſſeux, eſt-il dit dans un autre endroit, va prendre des leçons de travail & d'œconomie de la fourmi. La ſeule connoiſſance que l'homme a de l'Etre ſuprême, le diſtingue des brutes qui n'en ont aucune idée. Si on dit que les fem-

(9) Staniſlas Hoſius étoit un des Peres des plus illuſtres du Concile de Trente. Il a fait des Ouvrages de controverſe aſſez bons. Caſaubon l'accuſait d'avoir fait l'apologie de ce qu'avait dit un controverſiſte, que ſans l'autorité de l'Egliſe, l'Ecriture-Sainte n'a pas plus de force que les Fables d'Eſope, Avait-il tort?

mes ont auſſi cette connoiſſance, on ſera forcé d'avouer qu'elles la tiennent des hommes; car il eſt extrêmement recommandé dans les Livres ſaints, que la femme ſoit inſtruite par ſon mari, ſi elle veut apprendre quelque choſe; & qu'elle ne s'aviſe pas d'enſeigner d'aucune façon ſon mari (1). Comme la Divinité qui a été communiquée à Jeſus-Chriſt par ſon pere, ne forme pas en lui ſa propre Divinité pour le faire Dieu; de même la connoiſſance de Dieu que les hommes peuvent avoir tranſmis aux femmes, ne leur communique point la propre eſſence de l'eſpèce humaine pour en faire des créatures raiſonnables.

Nous faiſons enfin peu de cas de la dernière objection qu'on pourrait faire, en diſant que chaque animal de ſon eſpece engendre un animal ſemblable de

(1) Les femmes, dit S. Paul à Timothée, ne ceſſent pas de vouloir être inſtruites; mais elles ne peuvent jamais arriver à la connoiſſance de la vérité. La femme, dit S. Chriſoſtome, s'eſt mêlée une fois d'enſeigner, elle a tout gâté; qu'elle demeure donc dans le ſilence, qui, ſelon Sophocle, eſt le principal ornement des femmes.

ſon

son espece, & qu'ainsi la femme est de l'espèce humaine, parce qu'elle met au monde des hommes. Lorsqu'un enfant mâle est venu au monde, un pere a engendré alors son semblable ; la mere n'est pas cause efficiente dans la génération, elle n'est qu'une cause instrumentale. Presque tous les Physiciens conviennent que le rudiment de l'homme est dans l'homme même (2) ; que la femme ne donne dans la génération que le plaisir de la sensation physique nécessaire à l'homme pour la propagation de son espèce ; qu'elle

(2) Aristote croit que le mâle seul fournit le principe prolifique, & que la femelle ne donne que la matière propre à la nutrition du fœtus : ainsi l'homme seul reproduit son semblable, & la femme ne fait que conserver le dépot qui lui est confié. Averroës, Avicene, & mille autres Sectateurs d'Aristote le respectaient trop pour combattre ses opinions ; ils niaient qu'il y eût dans les femmes aucune espèce de liqueur prolifique, ils soutenaient que l'individu est déja engendré lorsque la femme le reçoit.

Leuvenenhoëk Hartsoeker, Valieski, & le célébre Boerhave, ont vû toutes les races futures dans la liqueur spermatique du mâle remplie d'une quantité prodigieuse des petits homuncules, qui n'attendaient que l'instant de recevoir la vie par le développement.

n'y sert que pour recevoir le petit embrion, & le nourrir dans sa matrice. La fille qui vient au monde n'est pas un animal de l'espèce du pere, c'est un monstre, selon le langage des Philosophes (3), parce que la nature tendant toujours au mieux, préfére la naissance d'un garçon à celle d'une fille; on ne doit pas être surpris de ce que dans le croissement des espèces, il provient des animaux ressemblans à ceux qui les ont engendrés; on pourroit citer pour exemple le mulet, le Léopard, &c.

Nous venons de prouver, si nous ne nous trompons point, par plusieurs té-

(3) Ceux qui regardent la femme comme un homme imparfait, ont tort sans doute, dit le philosophe Rousseau; mais l'analogie extérieure est pour eux: les mâles en qui l'on empêche le dévéloppement ultérieur du sexe, gardent cette conformité toute leur vie: ils sont toujours des grands enfans, & les femmes ne perdant point cette même conformité, semblent, à bien des égards, ne jamais être autre chose. *Emile.*

Le Docteur Swift avoit aussi une idée singulière sur le sexe. On dit qu'il regardait les femmes comme des bustes, plutôt que comme des figures completes.

moignages de l'Ecriture, (4) que les femmes ne sont pas de l'espèce humaine, & qu'elles ne peuvent pas conséquemment avoir part au salut éternel. Si nous n'avons pas prouvé évidemment ce que nous voulions prouver, nous aurons du moins fait voir de quelle façon les hérétiques donnent des entorses aux passages de l'Ecriture, pour donner une ressemblance de vérité à leurs erreurs. Nous prions les femmes d'excuser notre badinage : nous nous croirions damnés comme hérétiques si nous avions perdu leurs bonnes graces. Nous protestons que si nous sommes coupables, ce n'est pas pour avoir voulu leur déplaire, mais pour nous être occupé ridiculement d'une sotise. (5)

(4) Il faut avouer que l'Ecriture ne paraît guere favorable aux femmes. Que des traits injurieux contre elles, dans le livre des Proverbes, de l'Eclésiaste ! Les Saints Peres, tous charitables qu'ils étaient, ne les ont pas mieux ménagées ; leurs Ouvrages sont pleins de sarcasmes contre elles. On pourrait bien leur appliquer : *tant de fiel entre-t-il dans l'ame des dévots !*

(5) L'auteur finit par une forte imprécation

contre les femmes ; si elles ne veulent pas lui pardonner, on a cru devoir finir moins brutalement, parce qu'on est fort éloigné de sa façon de penser. On déclare donc hautement qu'on ne prend aucun intérêt à son plaisant bavardage ; & qu'on condamne par avance sans restriction tout ce que des personnes judicieuses trouveront de répréhensible, & dans le Texte & dans les Notes.

FIN.

www.ingramcontent.com/pod-product-compliance
Ingram Content Group UK Ltd.
Pitfield, Milton Keynes, MK11 3LW, UK
UKHW012250240726
13966UKWH00004B/1376